Impressum
Verlag: BABADADA GmbH, Nedderfeld 112 , 22529 Hamburg
Geschäftsführer / Verlagsleitung: Harald Hof
Druck: Books on Demand GmbH, In de Tarpen 42, 22848 Norderstedt

Imprint
Publisher: BABADADA GmbH, Nedderfeld 112 , 22529 Hamburg, Germany
Managing Director / Publishing direction: Harald Hof
Print: Books on Demand GmbH, In de Tarpen 42, 22848 Norderstedt, Germany

القسم
klasseværelse

يقسم
dividere

186/2

اللوح
tavle

باحة المدرسة
skolegård

المعلّم
lærer

ورقة
papir

يكتب
skrive

القلم
pen

طاولة المكتب
skrivebord

المسطرة
lineal

الكتاب
bog

التلميذ
elev

الحقيبة المدرسية
skoletaske

المقلمة
penalhus

قلم الرصاص
blyant

البرّاية
blyantspidser

الممحاة
viskelæder

دفتر الرسم
tegneblok

الرسمة

tegning

الفرشاة

pensel

علبة التلوين

æske med vandfarver

المقص

saks

المادة اللاصقة

lim

دفتر التمارين

opgavehefte

الواجب المدرسي

lektie

12

الرقم

tal

2+2

يجمع

addere

5-2

يطرح

subtrahere

2×2

يضرب

multiplicere

يحسب

regne

A

الحرف

bogstav

ABCDEFG HIJKLMN OPQRSTU VWXYZ

الأبجدية

alfabet

hello

كلمة

ord

النص
....
tekst

يقرأ
....
læse

الطبشور
....
kridt

الحصة
....
time

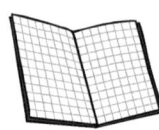

دفتر الدوام المدرسي
....
klasseprotokol

الامتحان
....
eksamen

شهادة
....
karakterbog

اللباس المدرسي
....
skoleuniform

التعليم
....
uddannelse

الموسوعة
....
leksikon

الجامعة
....
universitet

المجهر
....
mikroskop

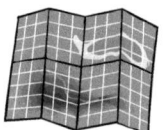

الخريطة
....
kort

قماما
....
papirkurv

سفر
rejse

فندق
hotel
Grand
بيت الشباب
herberg
ROOMS
EXCHANGE
مكتب صرافة
vekselkontor
حقيبة
kuffert
سيارة
bil

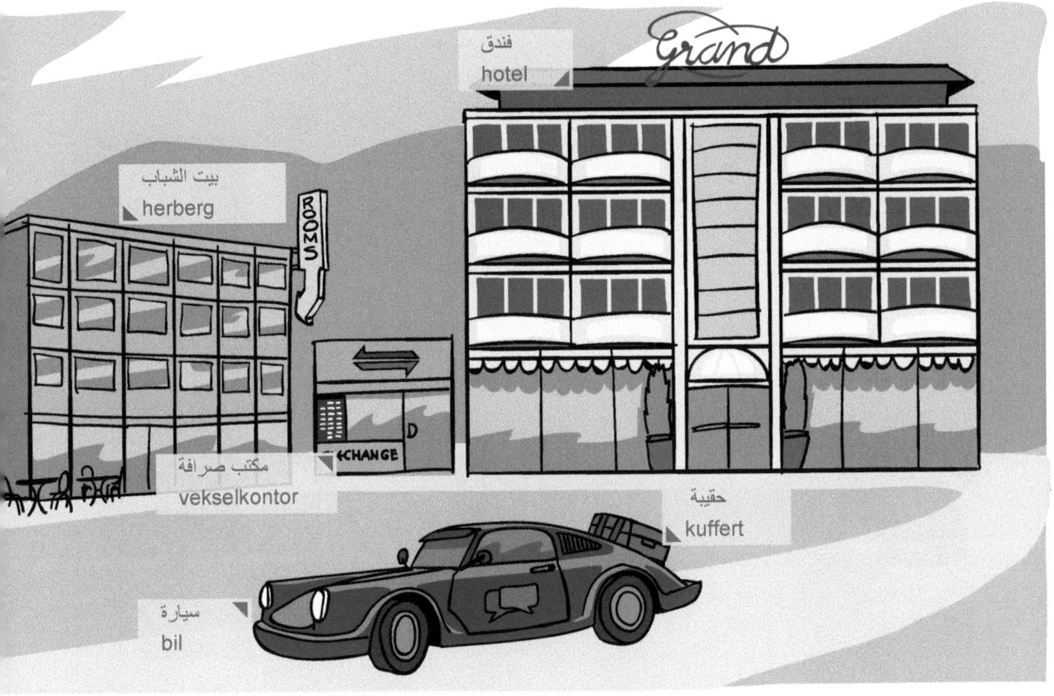

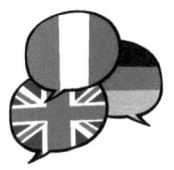

اللغة
....
sprog

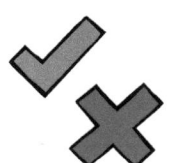

نعم / لا
....
ja / nej

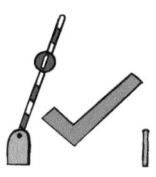

حسناً
....
okay

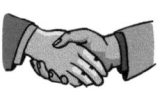

مرحباً
....
hej

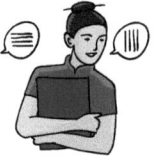

مترجم
....
oversætter

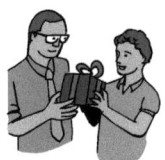

شكراً
....
tak

كم ثمن ... ؟

hvad koster...?

لا أفهم

Jeg forstår ikke

مشكلة

problem

مساء الخير

God aften!

صباح الخير!

God morgen!

ليلة سعيدة

God nat!

إلى اللقاء

farvel

اتجاه

retning

أمتعة السفر

bagage

حقيبة

taske

حقيبة ظهر

rygsæk

ضيف

gæst

غرفة

værelse

كيس للنوم

sovepose

خيمة

telt

استعلامات سياحية

turistinformation

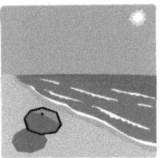

شاطئ

strand

بطاقة ائتمان

kreditkort

إفطار

morgenmad

طعام الغداء

middagsmad

العشاء

aftensmad

بطاقة سفر

billet

مصعد

elevator

طابع بريدي

frimærke

حدود

grænse

الجمارك

told

سفارة

ambassade

تأشيرة

visum

جواز سفر

pas

transport

طائرة
flyvemaskine

سفينة
skib

سيارة إطفاء
brandbil

حافلة
bus

سيارة شاحنة
lastbil

زورق آلي
motorbåd

سيارة
bil

درّاجة
cykel

عبارة
færge

قارب
båd

دراجة نارية
motorcykel

سيارة شرطة
politibil

سيارة سباق
racerbil

سيارة مستأجرة
lejebil

أسلوب تشاركي في استئجار السيارا

samkørsel

سيارة للجر

kranbil

سيارة نقل القمامة

skraldebil

محرك

motor

وقود

benzin

محطة وقود

tankstation

إشارة مرور

trafikskilt

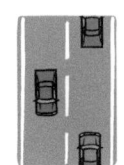

حركة السير

trafik

ازدحام سير

trafikprop

موقف سيارات

parkeringsplads

محطة قطار

banegård

سكك حديدية

skinner

قطار

tog

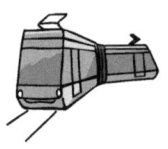

ترام

sporvogn

عربة قطار

wagon

طائرة مروحية

helikopter

مطار

lufthavn

برج

tårn

مسافر

passager

حاوية

container

علبة كرتون

karton

عربة يد

kærre

سلة

kurv

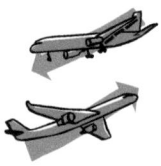

يقلع / يهبط

starte / lande

مدينة

by

قرية

landsby

مركز المدينة

bymidte

بيت

hus

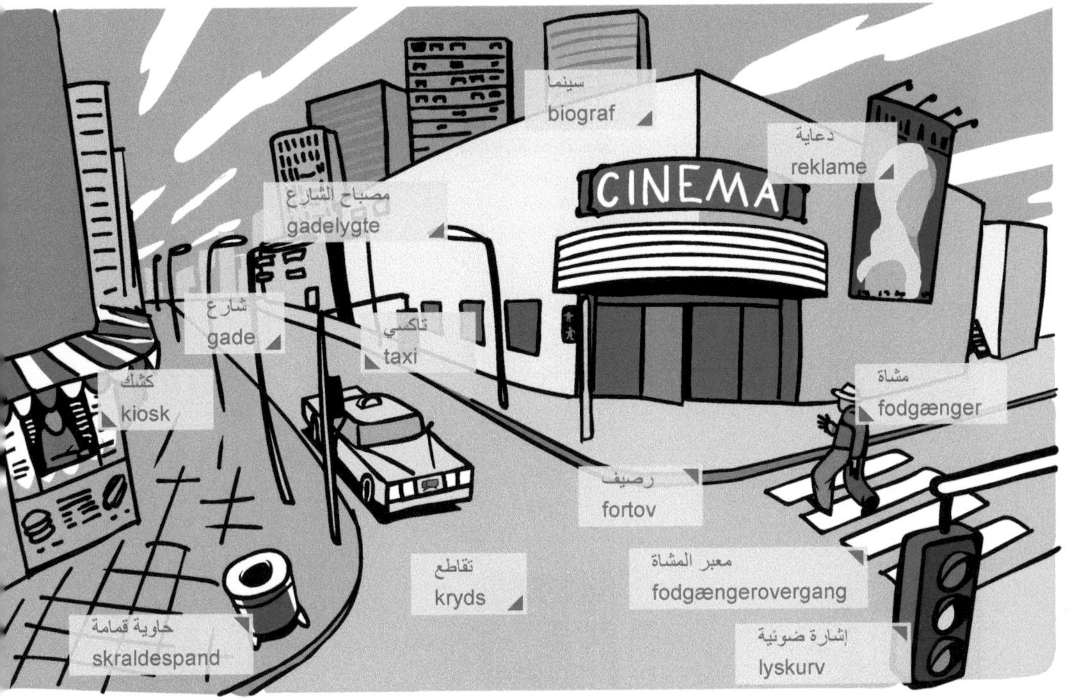

CINEMA

سينما
biograf

دعاية
reklame

مصباح الشارع
gadelygte

شارع
gade

تاكسي
taxi

كشك
kiosk

مشاة
fodgænger

رصيف
fortov

تقاطع
kryds

معبر المشاة
fodgængerovergang

إشارة ضوئية
lyskurv

حاوية قمامة
skraldespand

كوخ
hytte

شقة
lejlighed

محطة قطار
banegård

دار البلدية
rådhus

متحف
museum

المدرسة
skole

الجامعة

universitet

مصرف

bank

المستشفى

sygehus

فندق

hotel

صيدلية

apotek

مكتب

kontor

مكتبة

boghandel

متجر

butik

محل لبيع الزهور

blomsterbutik

سوبرماركت

supermarked

سوق

marked

متجر كبير

stormagasin

تاجر السمك

fiskehandler

مركز تسوّق

butikscenter

ميناء

havn

مدينة - by

حديقة عامة

park

مقعد

bænk

جسر

bro

درج، سلم

trappe

مترو

undergrundsbane

نفق

tunnel

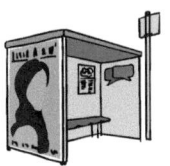

موقف حافلات

busstoppested

بار

barnevogn

مطعم

restaurant

صندوق البريد

postkasse

لافتة باسم الشارع

vejskilt

مقياس زمن الوقوف

parkometer

حديقة حيوانات

zoo

مسبح

badeanstalt

مسجد

moske

مزرعة

bondegård

تلوث البيئة

miljøforurening

مقبرة

kirkegård

كنيسة

kirke

ملعب الأطفال

legeplads

معبد

tempel

طبيعة ريفية

landskab

- ورقة — blad
- علامة إرشاد — vejviser
- طريق — vej
- مرج — eng
- رحالة — vandrer
- حجر — sten
- شجرة — træ
- نهر — flod
- عشب — græs
- زهرة — blomst

وادٍ

dal

جبل

bjerg

بحيرة

sø

غابة

skov

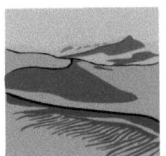

صحراء

ørken

بركان

vulkan

قلعة

slot

قوس قزح

regnbue

فطر

svamp

نخلة

palme

بعوضة

moskito

ذبّانة

flue

نملة

myre

نحلة

bi

عنكبوت

edderkop

خنفساء

bille

ضفدعة

frø

سنجاب

egern

قنفذ

pindsvin

أرنب

hare

بومة

ugle

عصفور

fugl

بجعة

svane

خنزير برّي

vildsvin

غزال

hjort

إلكة

elg

سد

dæmning

دولاب الطاحونة الهوائية

vindmølle

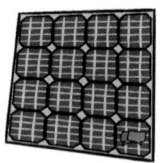

خلية شمسية

solcellemodul

مناخ

klima

مطعم

restaurant

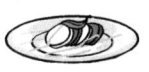

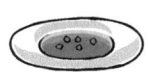

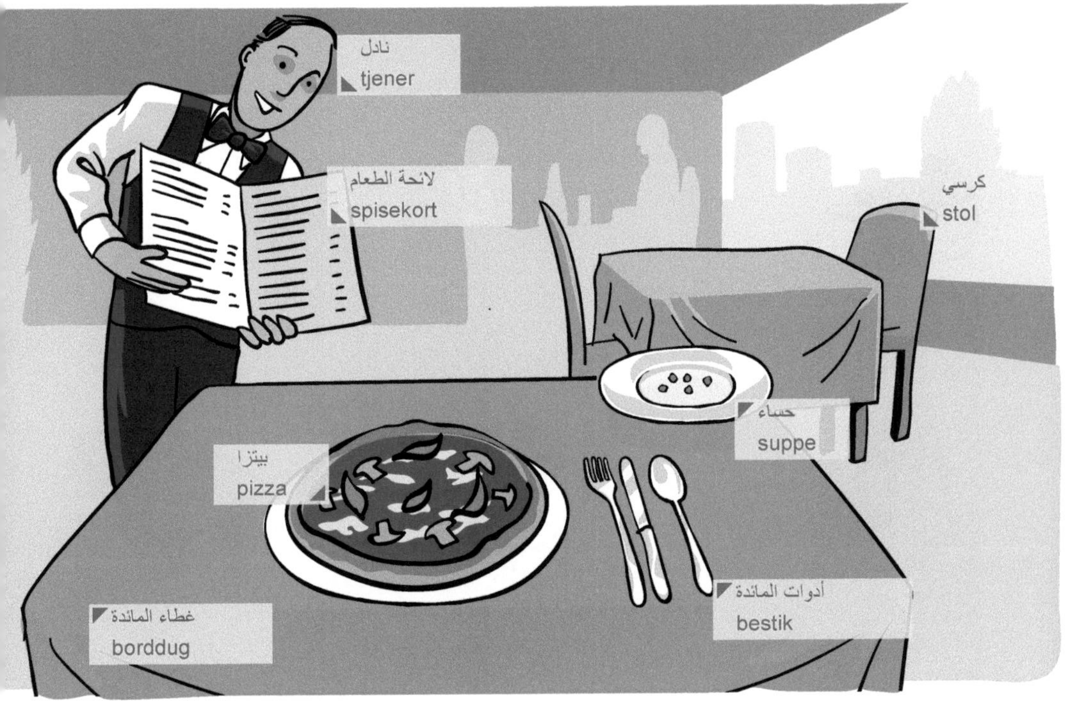

نادل
tjener
لائحة الطعام
spisekort
كرسي
stol
حساء
suppe
بيتزا
pizza
أدوات المائدة
bestik
غطاء المائدة
borddug

مقبلات

....

forret

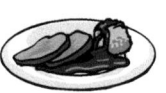

الصحن الرئيسي

....

hovedret

حلوى أو فاكهة بعد الطعام

....

dessert

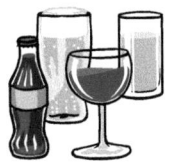

مشروبات

....

drikkevarer

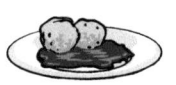

طعام

....

mad

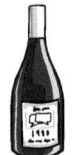

زجاجة

....

flaske

وجبات سريعة

fastfood

طعام الشارع

streetfood

إبريق الشاي

tekande

علبة السكر

sukkerdåse

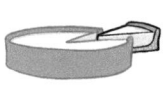

حصّة

portion

آلة الإسبريسو

espressomaskine

كرسي عالٍ

barnestol

فاتورة

faktura

صينية

tablet

سكين

kniv

شوكة

gaffel

ملعقة

ske

ملعقة الشاي

teske

منديل المائدة

serviet

كأس

glas

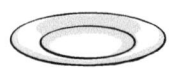

صحن

tallerken

صحن الحساء

dyb tallerken

صحن الفنجان

underkop

صلصة

sovs

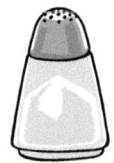

مملحة

saltbøsse

مطحنة الفلفل

peberkværn

خلّ

eddike

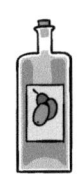

زيت الطعام

olie

توابل

krydderier

كتشاب

ketchup

خردل

sennep

مايونيز

mayonnaise

سوبرماركت

supermarked

عرض خاص
tilbud
زبون
kunde
مشتقات الحليب
mælkeprodukter
FOR
فواكه
frugt
عربة تسوّق
indkøbsvogn

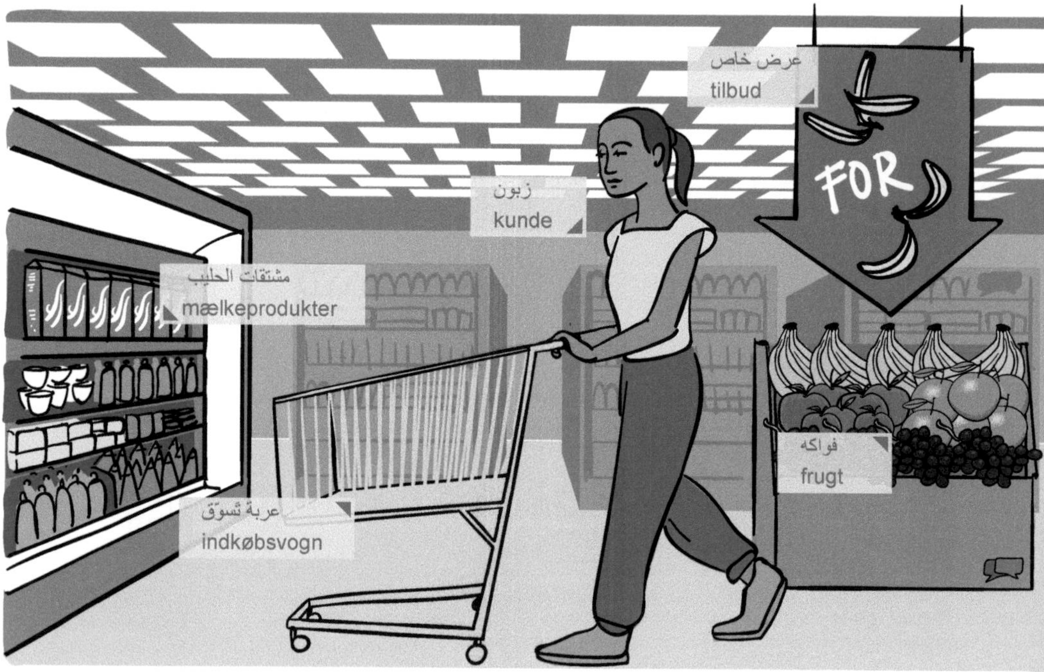

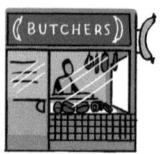

BUTCHERS

جزّار

slagter

BAKERY

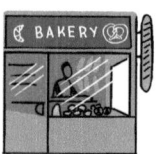

مخبز

bageri

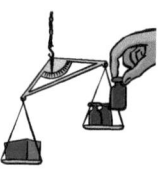

يزن

veje

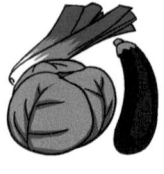

خضار

grøntsager

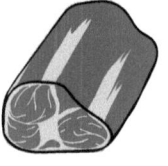

لحم

kød

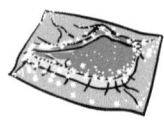

المأكولات المجمّدة

frostvarer

مرتدلا أو جبن
....
pålæg

معلبات
....
konserves

مسحوق الغسيل
....
vaskemiddel

حلويات
....
slik

المواد المنزلية
....
husholdningsvarer

منظفات
....
rengøringsmidler

بائعة
....
ekspedient

صندوق الحساب
....
kasse

أمين صندوق
....
kasserer

قائمة المشتريات
....
indkøbsliste

أوقات العمل
....
åbningstider

محفظة النقود
....
tegnebog

بطاقة ائتمان
....
kreditkort

حقيبة
....
taske

كيس بلاستيكي
....
plasticpose

ماء

vand

عصير

saft

حليب

mælk

كولا

cola

نبيذ

vin

بيرة

øl

كحول

alkohol

كاكاو

kakao

شاي

te

قهوة

kaffe

قهوة إسبريسو

espresso

كابوتشينو

cappuccino

موزة

banan

تفاح

æble

برتقال

appelsin

بطيخ

melon

ليمون

citron

جزرة

gulerod

ثوم

hvidløg

خيزران

bambus

بصل

løg

فطر

svamp

لوزيات

nødder

شعيرية

nudler

سباغيتي

spaghetti

أرزّ

ris

سلطة

salat

بطاطا مقلية

pomfritter

بطاطا مقلية

stegte kartofler

بيتزا

pizza

هامبورغر

hamburger

ساندويش

sandwich

شريحة لحم مقلية

schnitzel

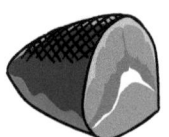

لحم خنزير

skinke

سلامي

salami

سجق

pølse

دجاج

kylling

لحم محمر

steg

سمك

fisk

دقيق الشوفان

havregryn

موسلي

mysli

كورن فلكس

cornflakes

طحين

mel

كرواسان

croissant

خبز صغير

rundstykke

خبز

brød

خبز محمص

toast

بسكويت

kiks

زبدة

smør

لبن زبادي

kvark

كعكة

kage

بيضة

æg

بيض مقلي

spejlæg

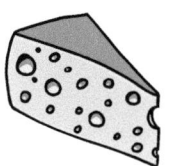

جبنة

ost

مثلجات
is

سكر
sukker

عسل
honning

مربّى الفاكهة
marmelade

كريم النوغا
nougat-creme

الكاري
karry

مزرعة

bondegård

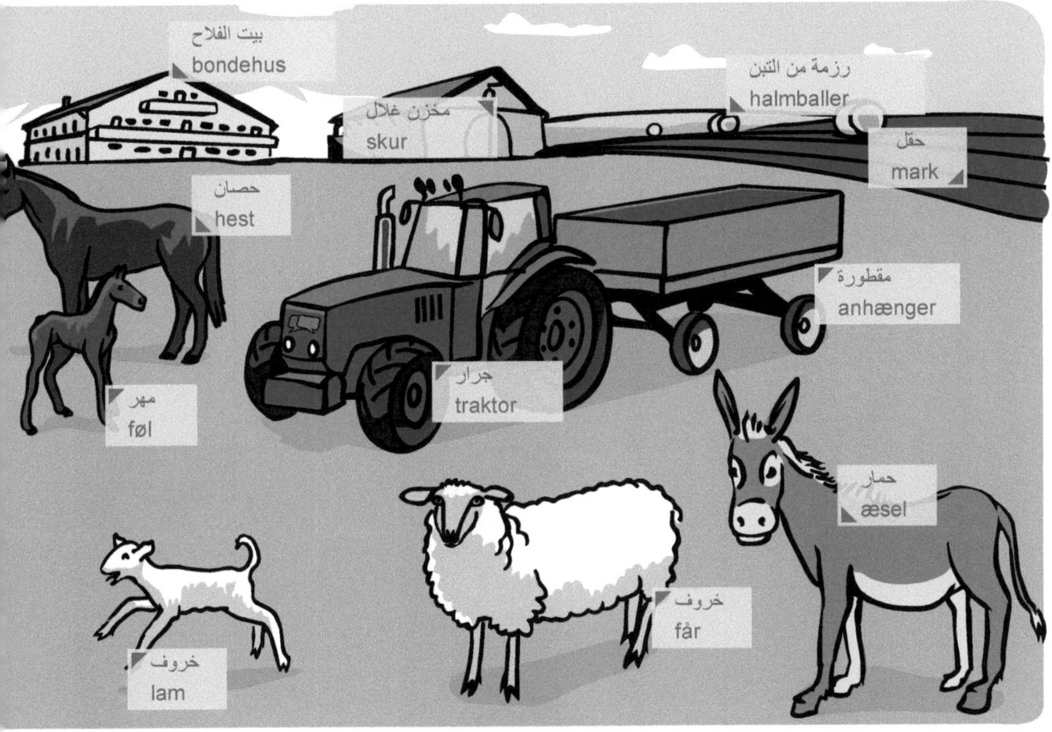

بيت الفلاح
bondehus
مخزن غلال
skur
رزمة من التبن
halmballer
حقل
mark
حصان
hest
مقطورة
anhænger
جرار
traktor
مهر
føl
حمار
æsel
خروف
får
خروف
lam

ماعز

ged

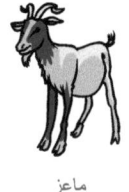

بقرة

ko

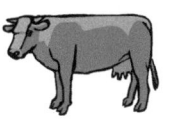

عجل

kalv

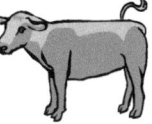

خنزير

svin

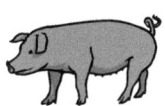

خنزير صغير

gris

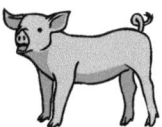

ثور

tyr

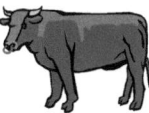

إوزّة

gås

بطة

and

صوص

kylling

دجاجة

høne

ديك

hane

جرذ

rotte

قطّة

kat

فأر

mus

ثور

okse

كلب

hund

كوخ الكلب

hundehus

خرطوم الحديقة

haveslange

إبريق

vandkande

منجل

le

المحراث

plov

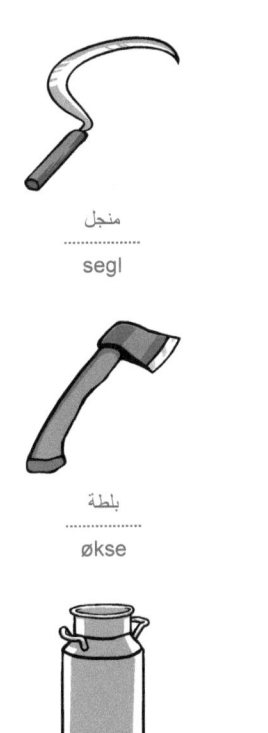

منجل

segl

معزقة

hakkejern

مذراة الزبل

møggreb

بلطة

økse

عربة يد

trillebør

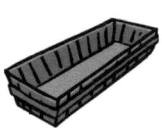

معلف

trug

صفيحة الحليب

mælkekande

كيس

sæk

سياج

hæk

اصطبل

stald

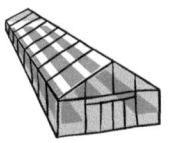

دفينة

drivhus

تربة

jord

بذور

frø

سماد

gødning

حصّادة درّاسة

mejetærsker

يحصد
....
høste

محصول
....
høst

بطاطا يامس
....
yams

قَمح
....
hvede

صويا
....
soja

بطاطا
....
kartoffel

ذرة
....
majs

سلجم
....
raps

شجرة فاكهة
....
frugttræ

نبات منيهوت
....
maniok

الحبوب
....
korn

بيت
hus

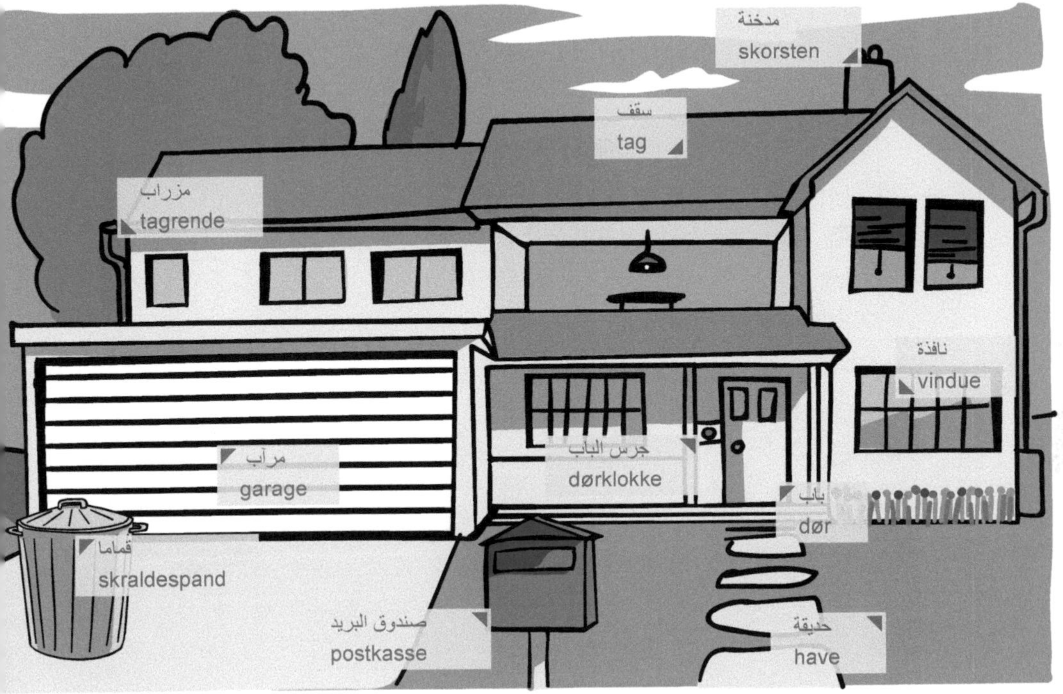
مدخنة
skorsten
سقف
tag
مزراب
tagrende
نافذة
vindue
مرآب
garage
جرس الباب
dørklokke
باب
dør
قماما
skraldespand
صندوق البريد
postkasse
حديقة
have

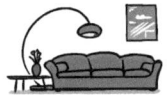

غرفة جلوس

stue

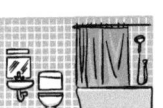

الحمّام

badeværelse

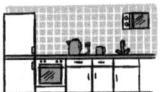

مطبخ

køkken

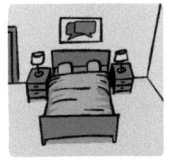

غرفة النوم

soveværelse

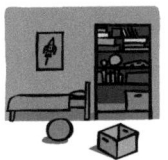

غرفة الأطفال

børneværelse

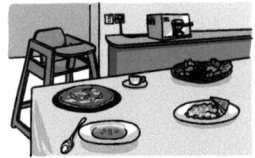

غرفة الطعام

spisestue

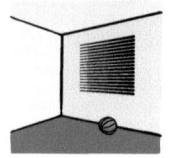

أرضية
....
gulv

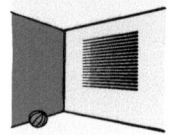

حائط
....
væg

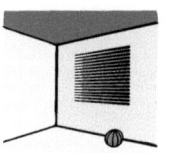

سقف
....
loft

قبو
....
kælder

ساونا
....
sauna

بلكون
....
altan

شرفة
....
terrasse

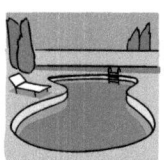

مسبح
....
svømmehal

جزّازة العشب
....
plæneklipper

بياضات السرير
....
dynebetræk

بطانية
....
dyne

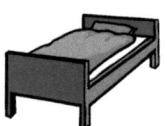

سرير
....
seng

مكنسة
....
kost

سطل
....
spand

مفتاح كهربائي
....
kontakt

غرفة جلوس

stue

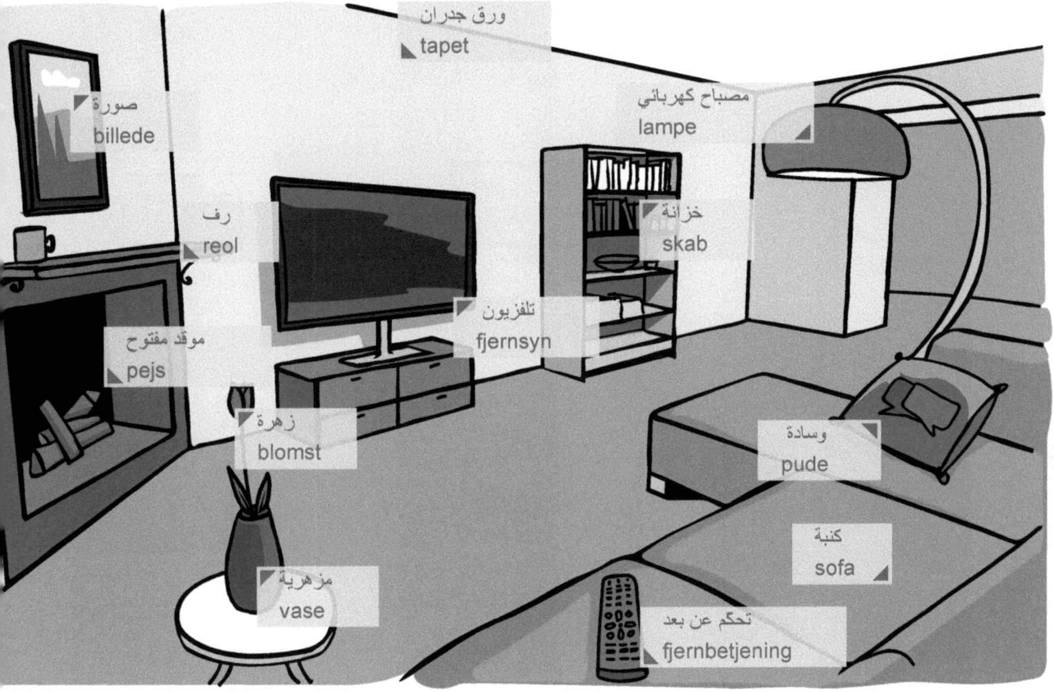

ورق جدران
tapet
صورة
billede
مصباح كهربائي
lampe
رف
reol
خزانة
skab
تلفزيون
fjernsyn
موقد مفتوح
pejs
زهرة
blomst
وسادة
pude
كنبة
sofa
مزهرية
vase
تحكم عن بعد
fjernbetjening

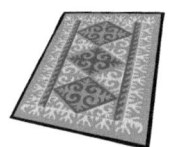

بصاط

gulvtæppe

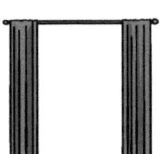

ستارة

gardin

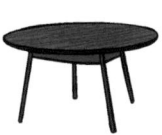

طاولة

bord

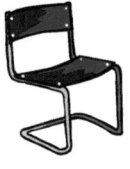

كرسي

stol

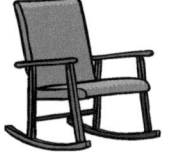

كرسي هزّاز

gyngestol

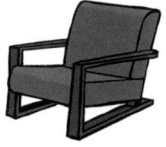

كرسي ذو ذراعين

lænestol

الكتاب

bog

بطانية

tæppe

زخرفة

dekoration

الحطب

brænde

فيلم

film

تجهيزات ستيريو

stereoanlæg

مفتاح

nøgle

جريدة

avis

لوحة مرسومة

maleri

مُلصق

plakat

راديو

radio

دفتر ملاحظات

notesblok

المكنسة الكهربائية

støvsuger

صبّار

kaktus

شمعة

lys

مطبخ
køkken

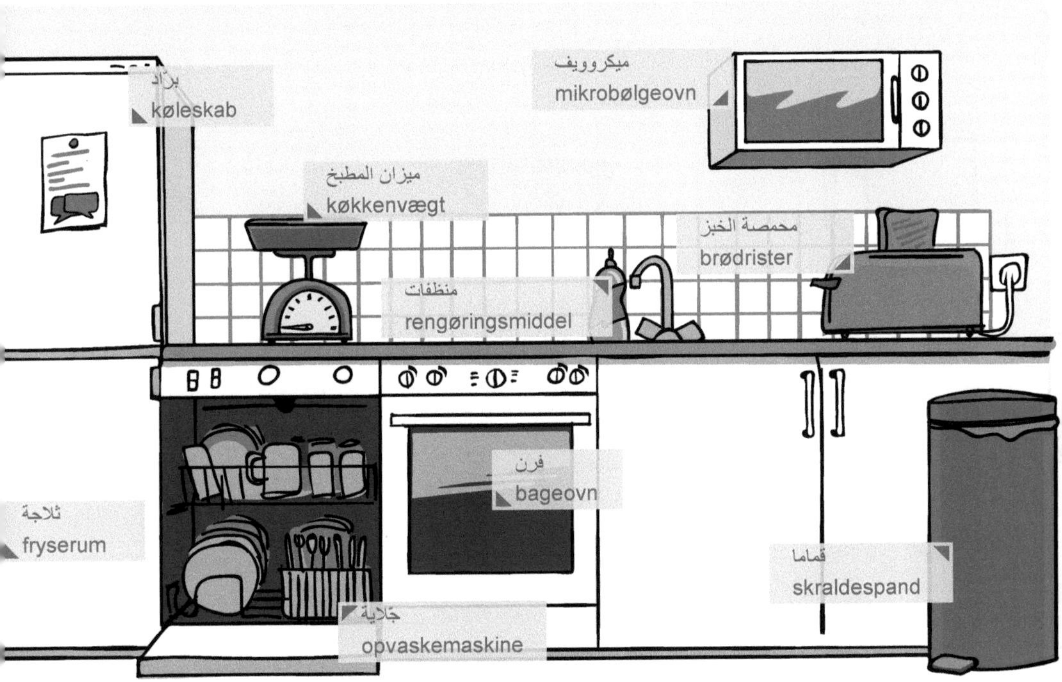

برّاد
køleskab
ميكروويف
mikrobølgeovn
ميزان المطبخ
køkkenvægt
محمصة الخبز
brødrister
منظفات
rengøringsmiddel
فرن
bageovn
ثلاجة
fryserum
قماما
skraldespand
جلاية
opvaskemaskine

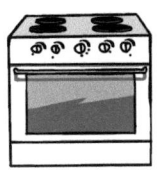

موقد

komfur

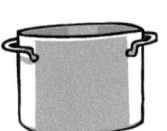

قِدر

gryde

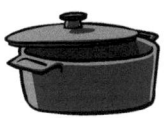

وعاء من الحديد

jerngryde

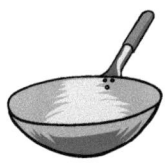

قدر صيني

wok / kadai

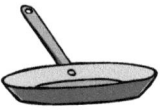

مقلاة

pande

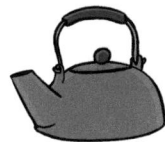

غلاية

elkedel

قدر البخار

dampkoger

صينية

bageplade

أواني

service

فنجان

bæger

صحن

skål

عيدان الأكل

spisepinde

مغرفة

øseske

ملعقة منبسطة

paletkniv

خفاقة

piskeris

مصفاة

dørslag

مصفاة

si

مبشرة

rive

هاون

morter

شواء

grille

موقد

ildsted

لوح التقطيع

skærebræt

نشّابة

kagerulle

مفتاح الزجاجات

proptrækker

علبة

dåse

مفتاح العلب المعدنية

dåseåbner

قماش الفرن

grydelap

مجلى

køkkenvask

فرشاة

børste

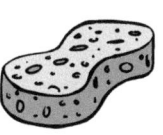

إسفنج

svamp

خلاط

blender

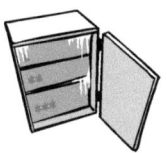

مجمّدة

dybfryser

زجاجة الطفل

sutteflaske

صنبور الماء

vandhane

الحمّام

badeværelse

دوش
brusebad
تدفئة
radiator
منشفة
håndklæde
ستارة الدوش
bruserforhæng
حمام رغوة
skumbad
حوض الحمام
badekar
كأس
glas
غسّالة
vaskemaskine
صنبور الماء
vandhane
بلاط
fliser
قفازات مطاطية
tissepotte
مجلى
køkkenvask

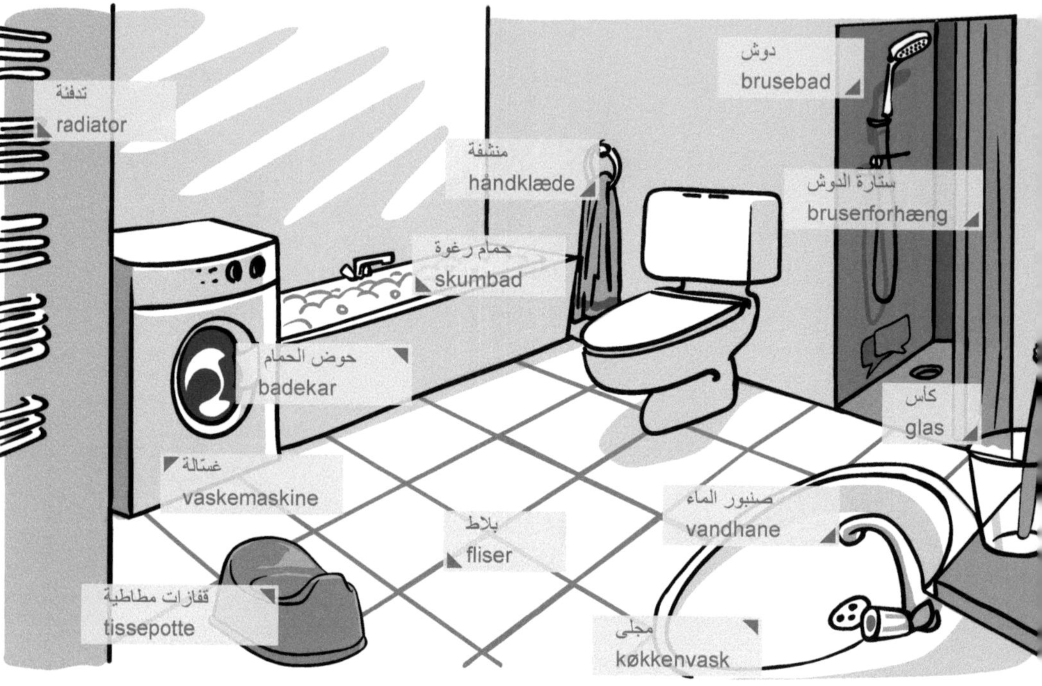

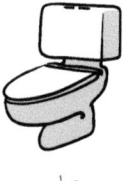

حمام

toilet

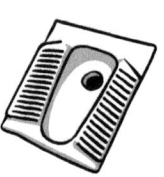

مرحاض القرفصاء

hugsiddende toilet

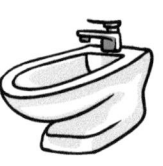

حوض التشطيف

bidet

مبولة

pissoir

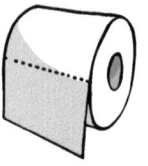

ورق المرحاض

toiletpapir

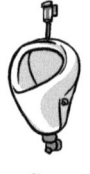

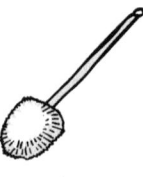

فرشاة الحمام

toiletbørste

فرشاة الأسنان

tandbørste

معجون الأسنان

tandpasta

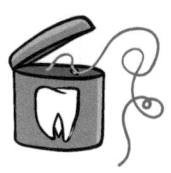

خيط حرير لتنظيف الأسنان

tandtråd

يغسل

vaske

رشاش ماء يدوي

håndbruser

شطاف

intimbruser

حوض الغسيل

vaskefad

فرشاة الظهر

badebørste

صابون

sæbe

جيل الدوش

brusegele

شامبو

shampoo

ممسحة

vaskeklud

مصرف للماء

afløb

مرهم

creme

مزيل الروائح

deodorant

مرآة
....
spejl

مرآة يد
....
kosmetikspejl

موس حلاقة
....
barberhøvl

رغوة الحلاقة
....
barberskum

كولونيا
....
barbervand

مشط
....
kam

فرشاة
....
børste

سشوار
....
hårtørrer

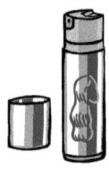

مثبت للشعر
....
hårspray

ماكياج
....
makeup

روج
....
læbestift

طلاء أظافر
....
neglelak

قطن
....
vat

مقص أظافر
....
neglesaks

عطر
....
parfume

سلّة الغسيل

toilettaske

مقعد صغير

skammel

ميزان

vægt

معطف الحمام

badekåbe

قفازات مطاطية

gummihandsker

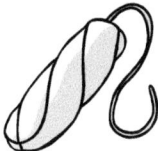

سدادة قطنية

tampon

منشفة صحية

damebind

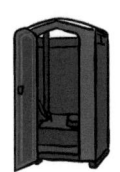

تواليت كيميائية

kemisk toilet

غرفة الأطفال
børneværelse

منبه
vækkeur
الحيوانات المحنطة
bamse
سيارة لعبة
legetøjsbil
خشخشة
skralde
بيت الدمى
dukkehus
هدية
gave

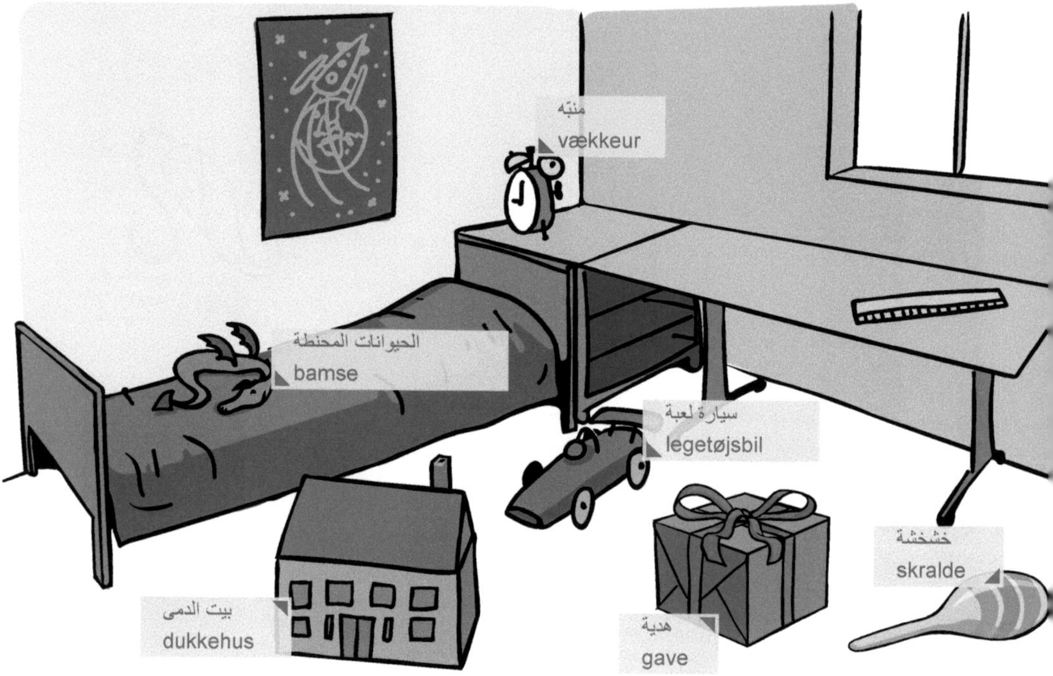

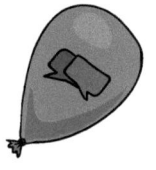

بالون
....
ballon

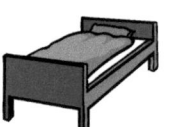

سرير
....
seng

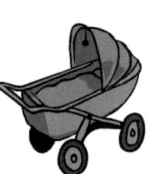

عربة الأطفال
....
barnevogn

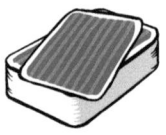

لعبة الورق
....
kortspil

أحجية
....
puslespil

SUPER
MEGA

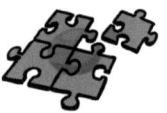

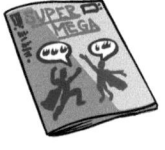

رسوم هزلية
....
tegneserie

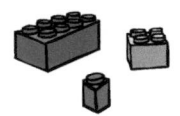

أحجار الليغو

legoklodser

حجارة تركيب

byggeklodser

دمية بطل

action figur

لباس الطفل

sparkedragt

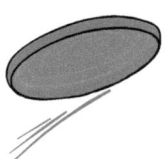

فريسبي

frisbee

دمية معلّقة

uro

لعبة الطاولة

brætspil

لعبة النرد

terning

لعبة قطار

modeljernbane

مصّاصة

sut

حفلة

fest

كتاب مصوّر

billedbog

كرة

bold

دمية

dukke

يلعب

lege

ملعب رملي للأطفال

sandkasse

أرجوحة

gynge

لعبة

legetøj

ألعاب فيديو

spillekonsol

دراجة ثلاثية

trehjulet cykel

دمية على شكل الدب

bamse

خزانة الثياب

klædeskab

ثياب

tøj

جوارب قصيرة

sokker

جوارب طويلة

strømper

جورب بنطلون

strømpebukser

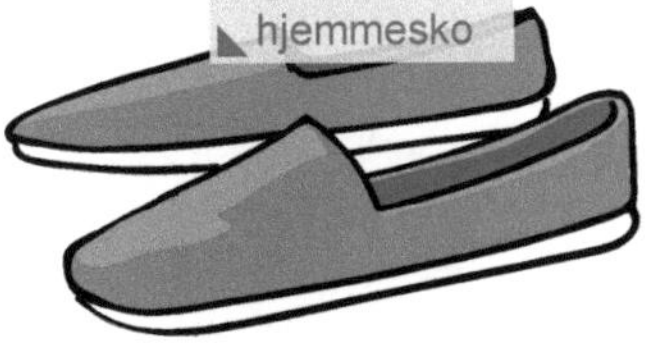

شال
sjal

شمسية
paraply

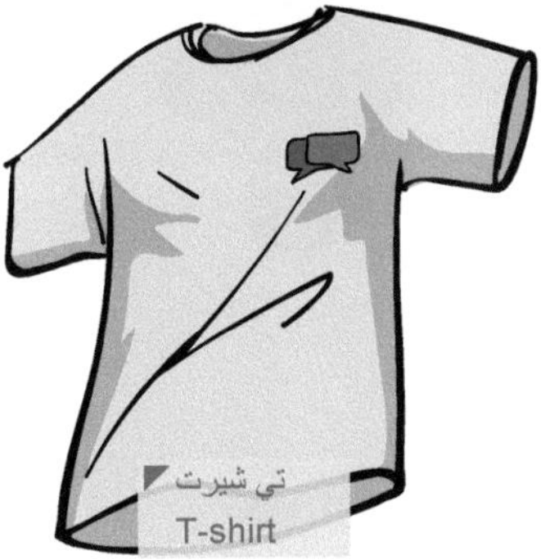

تي شيرت
T-shirt

حزام
bælte

حذاء شتوي
støvler

شبشب
hjemmesko

أحذية رياضية
sneakers

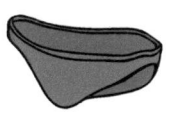

صندل
....
sandaler

حذاء
....
sko

جزمة كاوتشوك
....
gummistøvler

سروال داخلي
....
underbukser

صدّارة
....
BH

قميص داخلي
....
undertrøje

لباس ملاصق للجسم
....
body

بنطلون
....
bukser

جينز
....
jeans

تنورة
....
nederdel

بلوزة
....
bluse

قميص
....
skjorte

سترة قطنية
....
pullover

كنزة كم طويل
....
sweatshirt

سترة فضفاضة
....
blazer

سترة
....
jakke

معطف
....
frakke

معطف مطري
....
regnfrakke

زي - طقم نسائي
....
kostume

ثوب
....
kjole

ثوب الزفاف
....
brudekjole

طقم

jakkesæt

قميص نوم

nattrøje

بيجاما

pyjamas

ساري

sari

حجاب

hovedtørklæde

عمامة

turban

برقع

burka

قفطان

kaftan

عباءة

abaya

مايوه

badedragt

سروال سباحة

badebukser

شرت

korte bukser

بدلة رياضية

træningsdragt

مئزر

forklæde

ققازات

handsker

زر

knap

نظّارة

briller

إسوارة

armbånd

عقد

kæde

خاتم

ring

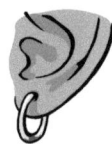

قرط

ørering

طاقية

hue

علاقة ثياب

bøjle

قبّعة

hat

ربطة العنق

slips

سحّاب

lynlås

خوذة

hjelm

حمّالة البنطلون

seler

اللباس المدرسي

skoleuniform

زي موحّد

uniform

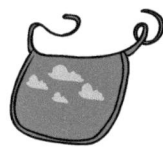

مريلة الأطفال
....
hagesmæk

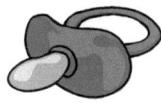

مصّاصة
....
sut

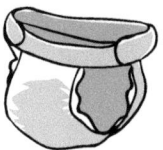

لفافة
....
ble

مكتب

kontor

المخدّم
server
خزانة الملفات
arkivskab
طابعة
printer
ورقة
papir
شاشة
skærm
فارة
mus
طاولة المكتب
skrivebord
ملف
mappe
لوحة المفاتيح
tastatur
قماما
papirkurv
حاسوب
computer
كرسي
stol

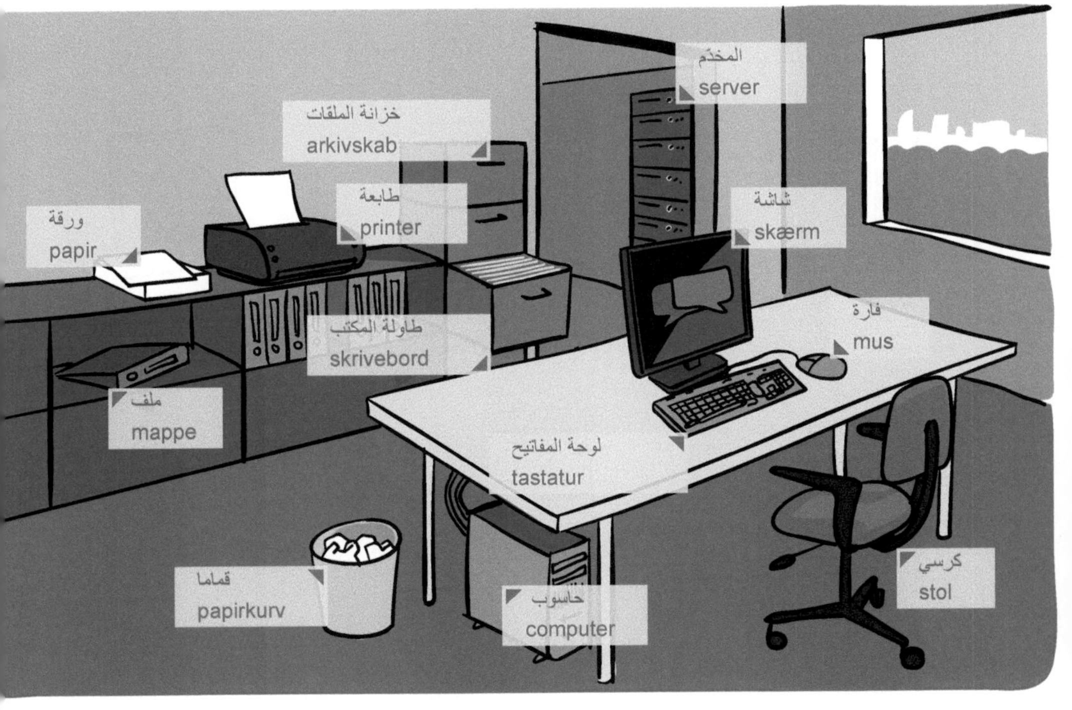

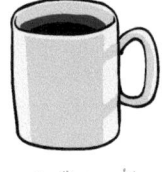

كأس من القهوة
....
kaffekrus

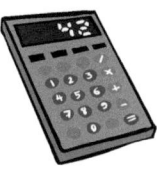

الآلة الحاسبة
....
lommeregner

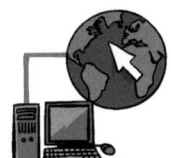

الإنترنت
....
internet

الحاسوب المحمول

bærbar

رسالة

brev

خبر

besked

الهاتف المحمول

mobil

شبكة

netværk

جهاز تصوير

kopimaskine

البرمجيات

software

هاتف

telefon

مقبس كهربائي

stikdåse

فاكس

fax

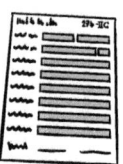

استمارة

formular

وثيقة

dokument

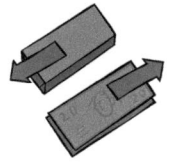

يشتري

købe

يدفع

betale

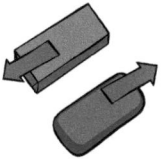

يتاجر

handle

مال

penge

دولار

dollar

يورو

euro

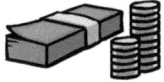

ين

yen

روبل

rubel

فرنك سويسري

schweizerfranc

يوان

renminbi yuan

روبية

rupee

صرّاف آلي

hæveautomat

مكتب صرافة

vekselkontor

ذهب

guld

فضة

sølv

نفط

olie

طاقة

energi

سعر

pris

عقد

kontrakt

ضريبة

skat

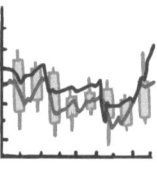

سهم

aktie

يعمل

arbejde

موظف

ansat

رب العمل

arbejdsgiver

مصنع

fabrik

متجر

butik

المِهَن

erhverv

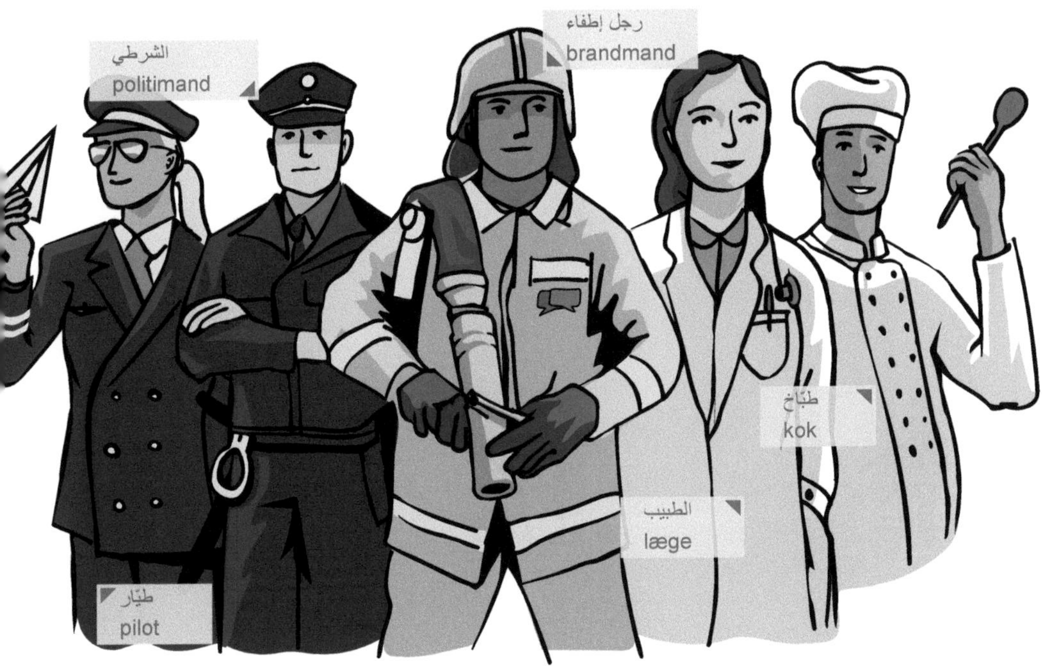

الشرطي
politimand
رجل إطفاء
brandmand
طبّاخ
kok
الطبيب
læge
طيّار
pilot

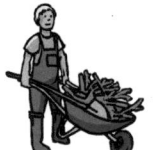

بستاني

gartner

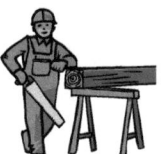

نجّار

tømrer

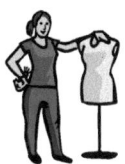

خيّاطة

syerske

قاض

dommer

كيميائي

kemiker

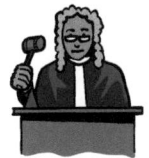

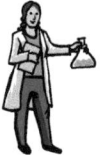

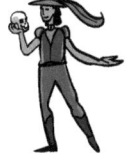

ممثل

skuespiller

سائق حافلة

buschauffør

سائق تاكسي

taxachauffør

صياد سمك

fisker

أجيرة للتنظيف

rengøringskone

بنّاء سقف

tagdækker

نادل

tjener

صيّاد

jæger

رسّام

maler

خباز

bager

كهربائي

elektriker

عامل بناء

bygningsarbejder

مهندس

ingeniør

لحّام

slagter

سمكري

vvs-mand

ساعي البريد

postbud

جندي

soldat

مهندس معماري

arkitekt

أمين صندوق

kasserer

بائع الزهور

blomsterhandler

حلاق

frisør

مراقب القطار

togfører

ميكانيكي

mekaniker

قبطان

kaptajn

طبيب أسنان

tandlæge

رجل العلم

videnskabsmand

حاخام

rabbiner

إمام

imam

راهب

munk

كاهن

præst

عدة عمل

værktøj

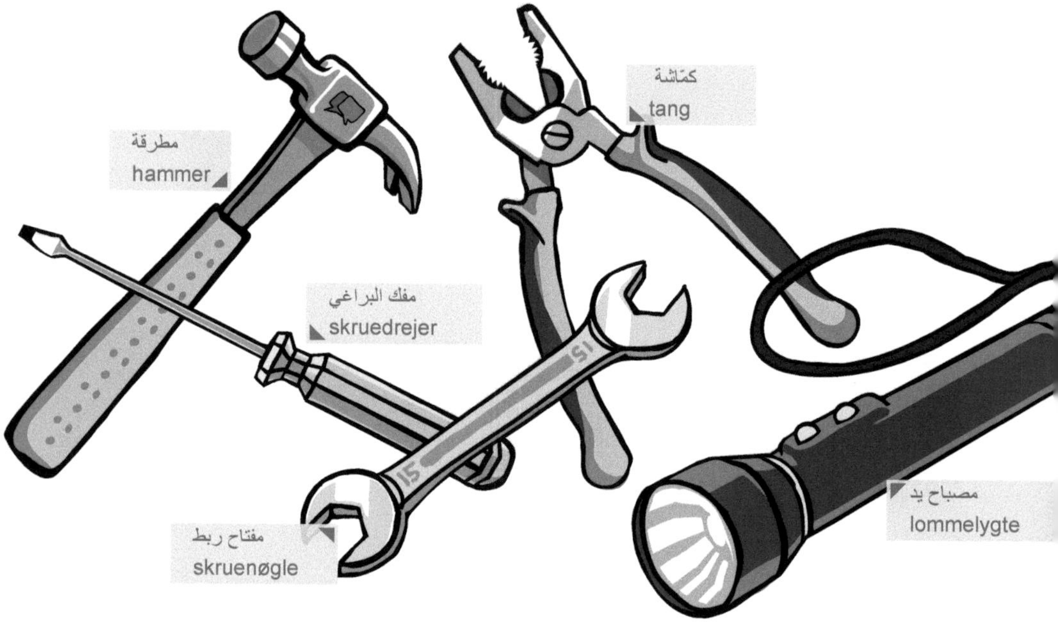
مطرقة
hammer
كمّاشة
tang
مفك البراغي
skruedrejer
مفتاح ربط
skruenøgle
مصباح يد
lommelygte

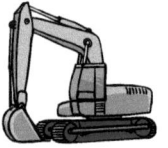

جرافة

gravemaskine

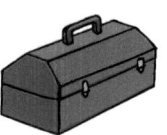

صندوق العدة

værktøjskasse

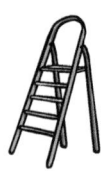

سلّم

stige

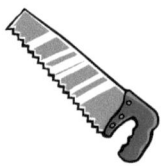

منشار

sav

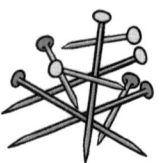

مسامير

søm

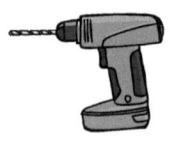

مثقب

bor

يصلح

reparere

مجرفة

skovl

اللعنة

Lort!

لقاطة الكناسة

fejebakke

سطل الألوان

malerspand

براغي

skruer

آلات موسيقية

musikinstrumenter

آلات الإيقاع
trommer

مكبر الصوت
højttaler

غيتار
guitar

كمان أجهر
kontrabas

بوق
trompet

بيانو
klaver

كمنجة
violin

جهير
bas

طبل كبير
pauke

طبل
tromme

بيانو كهربائي
keyboard

ساكسوفون
saxofon

ناي
fløjte

ميكروفون
mikrofon

حديقة حيوانات

ZOO

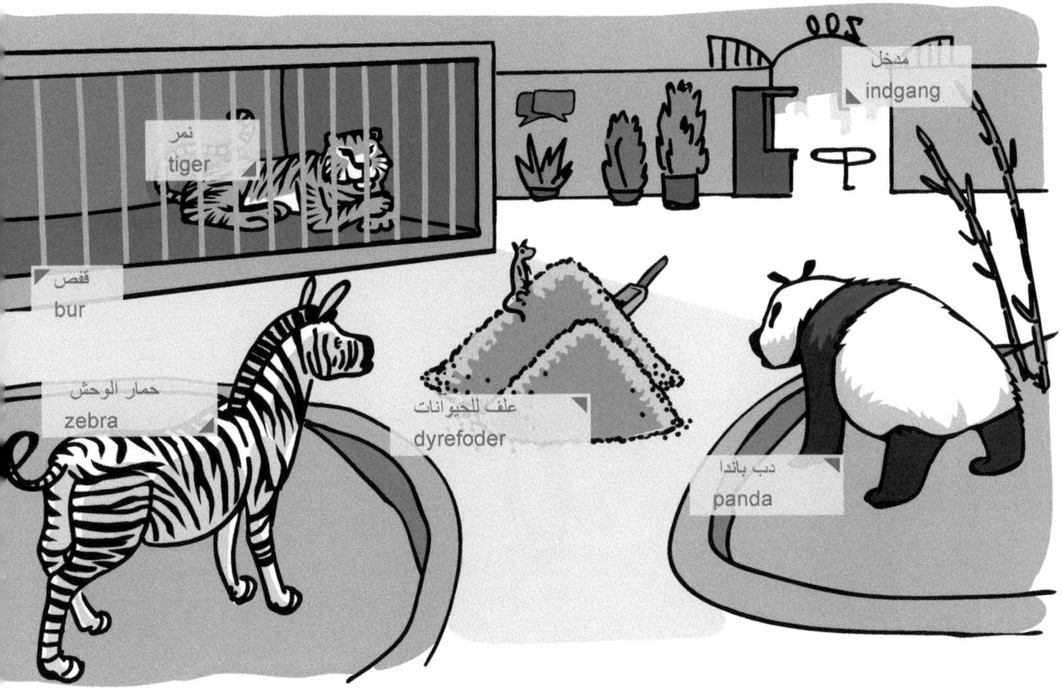

نمر
tiger
مدخل
indgang
قفص
bur
حمار الوحش
zebra
علف للحيوانات
dyrefoder
دب باندا
panda

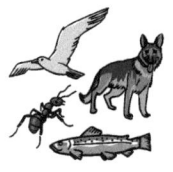

حيوانات
....
dyr

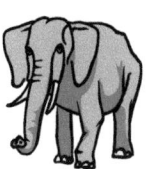

فيل
....
elefant

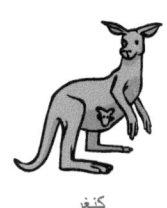

كنغر
....
kænguru

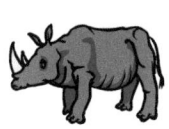

وحيد القرن
....
næsehorn

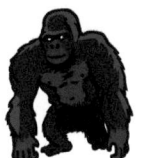

غوريلا
....
gorilla

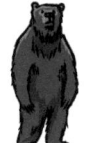

دب
....
bjørn

جمل

kamel

نعامة

struds

أسد

løve

قرد

abe

طائر فلامينغو

flamingo

ببغاء

papegøje

دب قطبي

isbjørn

بطريق

pingvin

سمك القرش

haj

طاووس

påfugl

أفعى

slange

تمساح

krokodille

حارس في حديقة الحيوان

dyrepasser

عجل البحر

sæl

نمر أمريكي مرقط

jaguar

فرس قزم

pony

نمر

leopard

فرس النهر

flodhest

زرافة

giraf

نسر

ørn

خنزير برّي

vildsvin

سمك

fisk

سلحفاة

skildpadde

حيوان فظ البحري

hvalros

ثعلب

ræv

غزال

gazelle

كرة القدم الأمريكية
amerikansk football

ركوب الدراجات
cykling

كرة التنس
tennis

كرة السلة
basketball

السباحة
svømning

الملاكمة
boksning

هوكي الجليد
ishockey

كرة القدم
fodbold

الريشة الطائرة
badminton

ألعاب القوى الخفيفة
atletik

كرة اليد
håndbold

التزلج على الثلج
skiløb

بولو
polo

يقفز
springe

يعانق
give et knus

يضحك
grine

يمشي
gå

يغني
synge

يصلّي
bede

يقبل
kysse

يحلم
drømme

يكتب
skrive

يرسم
tegne

يُري
vise

يدفع
skubbe

يعطي
give

يأخذ
tage

يملك
....
have

يعمل
....
gøre

يوجد
....
være

يقف
....
stå

يركض
....
løbe

يسحب
....
trække

يرمي
....
kaste

يقع
....
falde

يستلقي
....
ligge

ينتظر
....
vente

يحمل
....
bære

يجلس
....
sidde

يلبس
....
tage på

ينام
....
sove

يستيقظ
....
vågne

ينظر إلى ..

se på

يبكي

græde

يمسّد

ae

يمشّط

kæmme

يتكلم

tale

يفهم

forstå

يسأل

spørge

يسمع

høre

يشرب

drikke

ياكل

spise

يرتّب

rydde op

يحب

elske

يطبخ

koge

يقوّد

køre

يطيّر

flyve

يبحر بزورق شراعي

sejle

يحسب

regne

يقرأ

læse

يتعلم

lære

يعمل

arbejde

يتزوج

gifte sig med

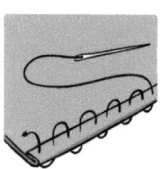

يخيط

sy

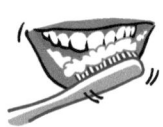

ينظف أسنانه

børste tænder

يقتل

dræbe

يدخّن

ryge

يرسل

sende

عائلة

familie

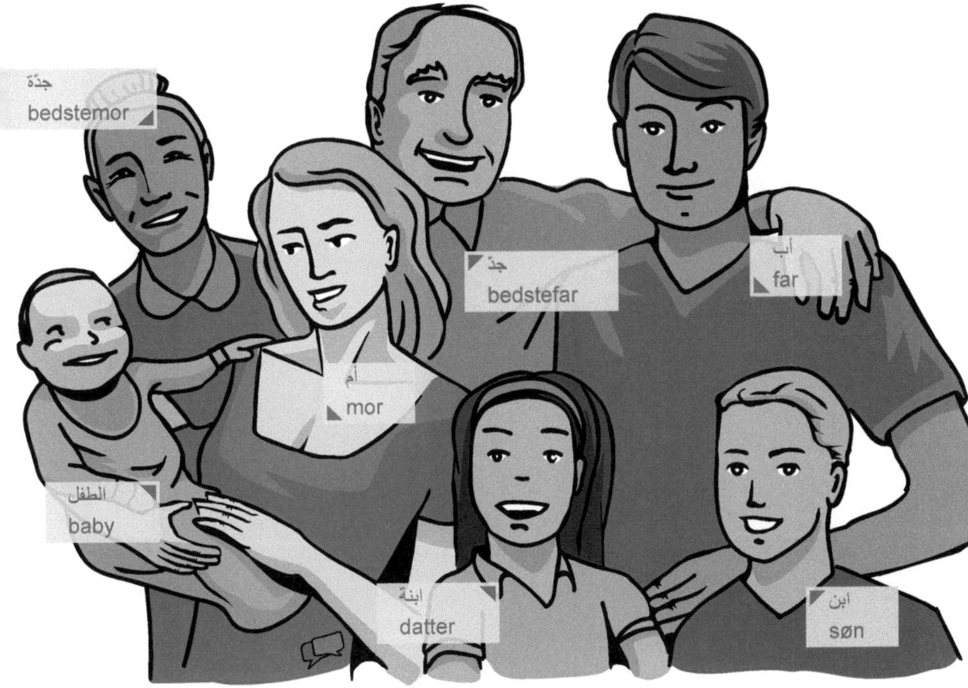
جدّة
bedstemor
جدّ
bedstefar
أب
far
أم
mor
الطفل
baby
ابنة
datter
ابن
søn

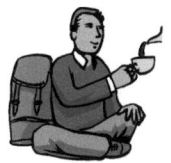

ضيف
....
gæst

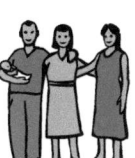

عمّة / خالة
....
tante

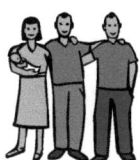

عمّ / خال
....
onkel

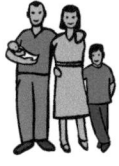

أخ
....
bror

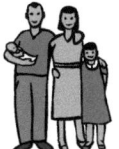

أخت
....
søster

الجسم

krop

الجبين
pande
العين
øje
الوجه
ansigt
الذقن
hage
الإصبع
finger
اليد
hånd
الصدر
bryst
الذراع
arm
الكتف
skulder
الساق
ben

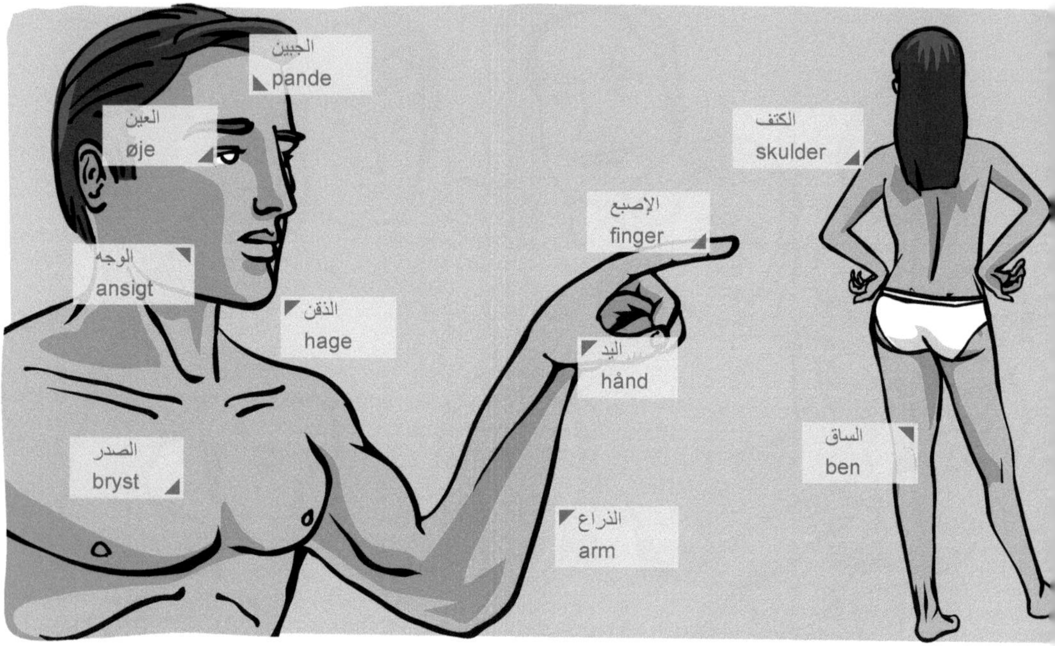

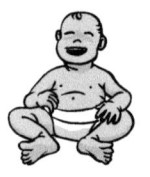

الطفل

baby

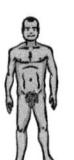

الرجل

mand

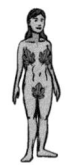

المرأة

kvinde

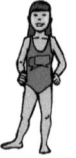

البنت

pige

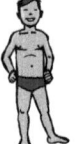

الولد

dreng

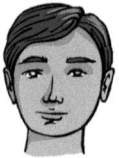

الرأس

hoved

الظهر

ryg

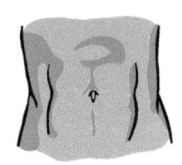

البطن

mave

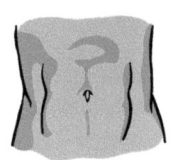

السرّة

navle

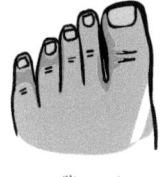

إصبع القدم

tå

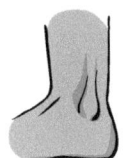

الكعب

hæl

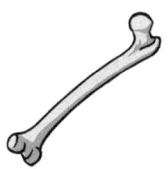

العظم

knogle

الورك

hofte

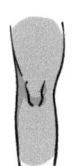

الركبة

knæ

المرفق

albue

الأنف

næse

العَجُز

bagdel

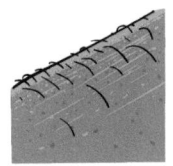

البشرة

hud

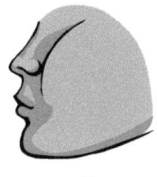

الخد

kind

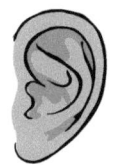

الأذن

øre

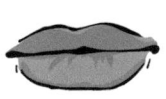

الشفة

læbe

الجسم - krop

الفم
....
mund

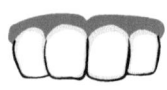

السن
....
tand

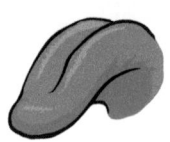

اللسان
....
tunge

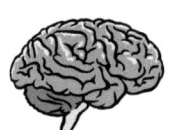

الدماغ
....
hjerne

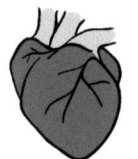

القلب
....
hjerte

العضلة
....
muskel

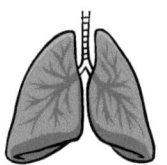

الرئة
....
lunge

الكبد
....
lever

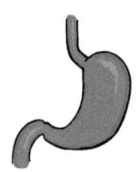

المعدة
....
mavesæk

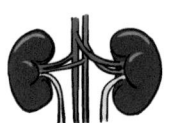

الكلى
....
nyrer

الاتصال الجنسي
....
sex

الواقي المطاطي
....
kondom

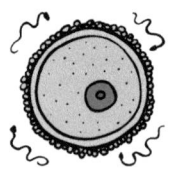

البويضة
....
ægcelle

المنيّ
....
sperm

الحمل
....
svangerskab

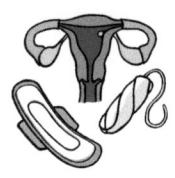

الحيض

menstruation

المهبل

vagina

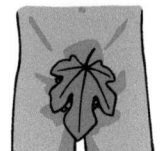

القضيب

penis

الحاجب

øjenbryn

الشعر

hår

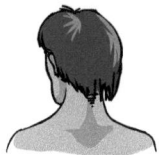

الرقبة

hals

المستشفى
sygehus

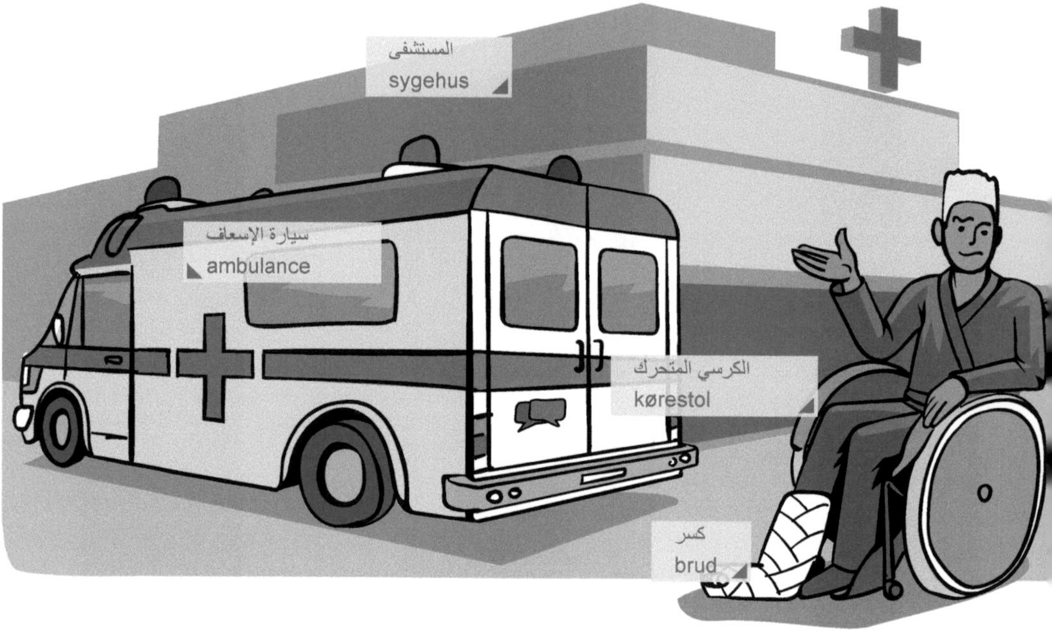

المستشفى
sygehus
سيارة الإسعاف
ambulance
الكرسي المتحرك
kørestol
كسر
brud

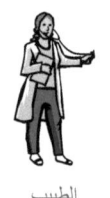

الطبيب
....
læge

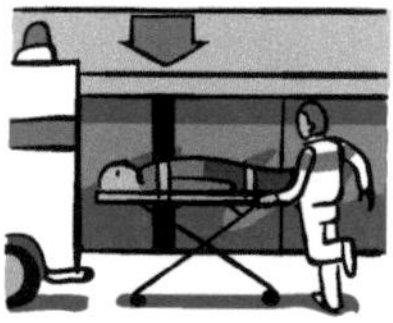

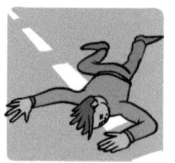

غرفة الإسعاف
....
akutmodtagelse

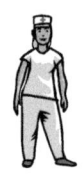

الممرضة
....
sygeplejerske

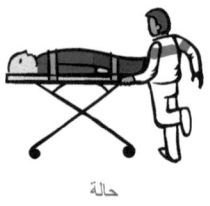

حالة
....
nødstilfælde

مغمى عليه
....
bevidstløs

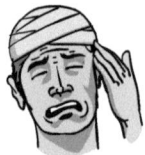

الألم
....
smerte

إصابة
....
skade

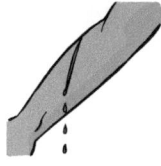

النزيف
....
blødning

احتشاء القلب
....
hjerteinfarkt

جلطة
....
slagtilfælde

حسسية
....
allergi

السعال
....
hoste

الحُمَّى
....
feber

إنفلونزا
....
influenza

الإسهال
....
diarré

وجع الرأس
....
hovedpine

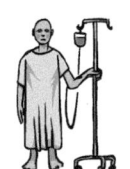

السرطان
....
kræft

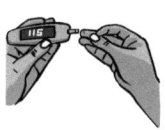

مرض السكر
....
diabetes

جرّاح
....
kirurg

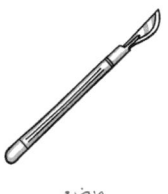

مبضع
....
skalpel

عملية
....
operation

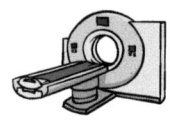

سيتي سكان

CT

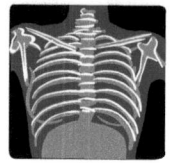

الأشعة السينية

røntgen

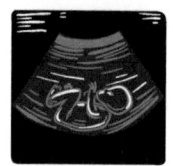

فوق الصوتي

ultralyd

القناع

maske

المرض

sygdom

غرفة الانتظار

venteværelse

العُكّاز

krykke

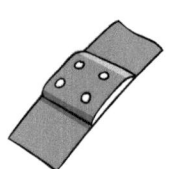

شريط لاصق

plaster

ضماد

forbinding

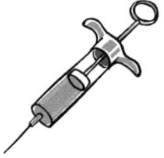

حقنة

injektion

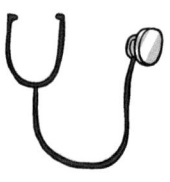

سمّاعة الطبيب

stetoskop

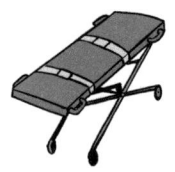

نقالة

båre

ميزان حرارة

termometer

ولادة

fødsel

وزن زائد

overvægt

جهاز السمع

høreapparat

المواد المعقمة

desinficerende middel

عدوى

infektion

فيروس

virus

الإيدز

HIV / AIDS

الطب

medicin

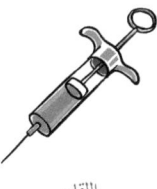

اللقاح

vaccination

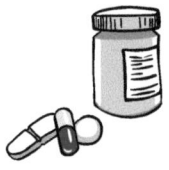

أقراص الدواء

tabletter

حبّة الدواء

pille

نداء النجدة

nødopkald

مقياس ضغط الدم

blodtryksmåler

مريض / صحيح

syg / rask

النجدة!

Hjælp!

إنذار

alarm

اعتداء

overfald

هجوم

angreb

خطر

fare

مخرج طوارئ

nødudgang

حريق!

Det brænder!

جهاز الإطفاء

ildslukker

حادث

uheld

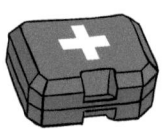

حقيبة الإسعاف الأولى

førstehjælps-kuffert

أنقذونا

SOS

الشرطة

politi

أوروبا

Europa

أمريكا الشمالية

Nordamerika

أمريكا الجنوبية

Sydamerika

أفريقيا

Afrika

آسيا

Asien

أستراليا

Australien

المحيط الأطلسي

Atlanterhavet

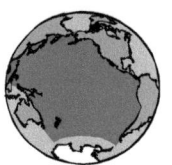

المحيط الهادي

Stillehavet

المحيط الهندي

Indiske Ocean

المحيط المتجمد الجنوبي

Sydlige Ishav

المحيط المتجمد الشمالي

Ishav

القطب الشمالي

Nordpol

القطب الجنوبي
....
Sydpol

منطقة القطب الجنوبي
....
Antarktis

أرض
....
Jorden

بر
....
land

بحر
....
hav

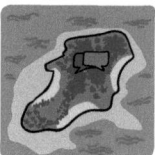

جزيرة
....
ø

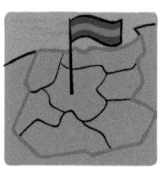

أمة
....
nation

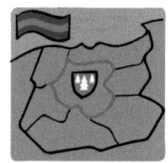

دولة
....
stat

ميناء الساعة

urskive

عقرب الساعات

timeviser

عقرب الدقائق

minutviser

عقرب الثواني

sekundviser

كم الساعة الآن؟

Hvad er klokken?

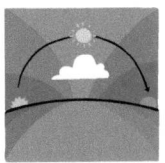

يوم

dag

زمن

tid

الآن

nu

ساعة رقمية

digitalur

دقيقة

minut

ساعة

time

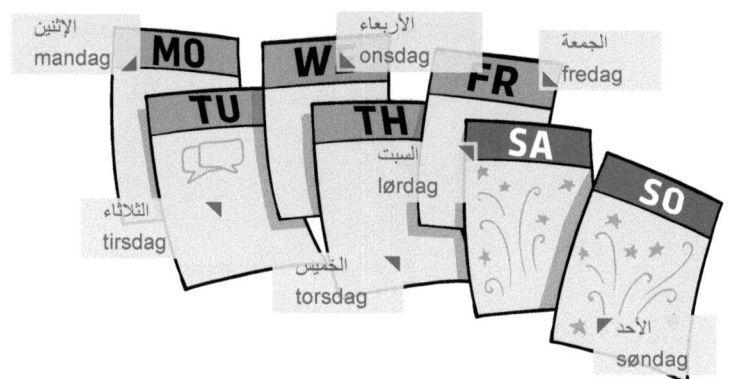

الإثنين
mandag

الأربعاء
onsdag

الجمعة
fredag

الثلاثاء
tirsdag

الخميس
torsdag

السبت
lørdag

الأحد
søndag

الأمس

i går

اليوم

i dag

غدا

i morgen

الصباح

morgen

الظهر

middag

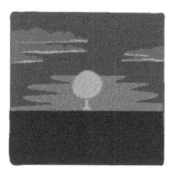

المساء

aften

MO	TU	WE	TH	FR	SA	SU
1	2	3	4	5	6	7
8	9	10	11	12	13	14
15	16	17	18	19	20	21
22	23	24	25	26	27	28
29	30	31	1	2	3	4

أيام العمل

arbejdsdage

MO	TU	WE	TH	FR	SA	SU
1	2	3	4	5	6	7
8	9	10	11	12	13	14
15	16	17	18	19	20	21
22	23	24	25	26	27	28
29	30	31	1	2	3	4

نهاية الأسبوع

weekend

قوس قزح
regnbue

مطر
regn

ريح
vind

ثلج
sne

الربيع
forår

الخريف
efterår

الصيف
sommer

الشتاء
vinter

4.APRIL	11°	☀
5.APRIL	4°	🌧
6.APRIL	13°	🌦
7.APRIL	8°	☀
8.APRIL	10°	☀

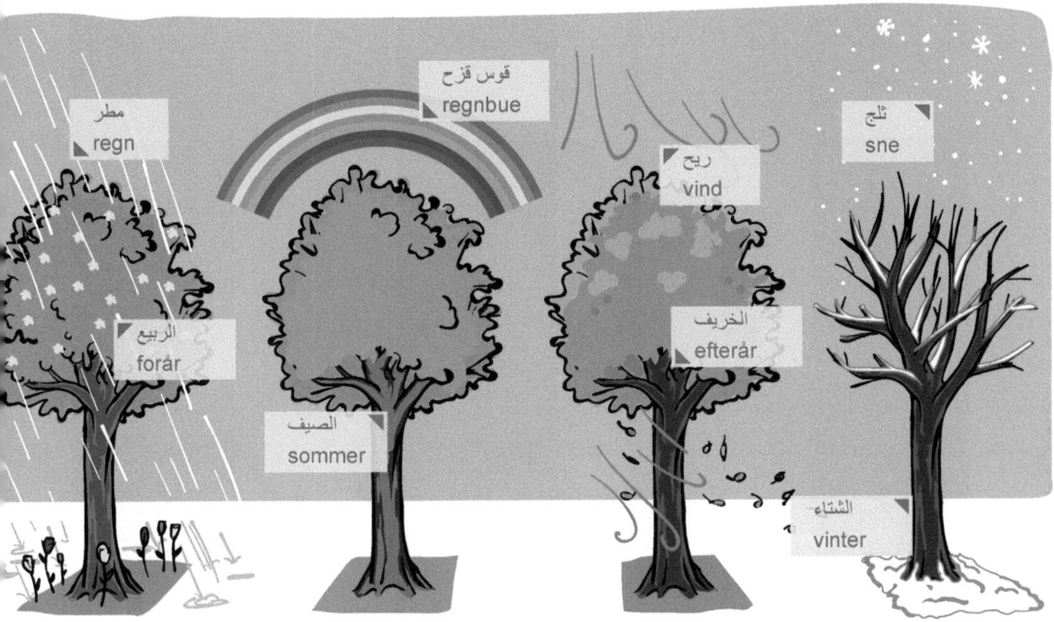

التنبّؤ بالحالة الجوية

vejrudsigt

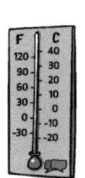

مقياس حرارة

termometer

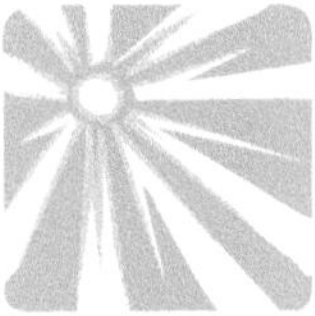

ضوء الشمس

solskin

سحابة

sky

ضباب

tåge

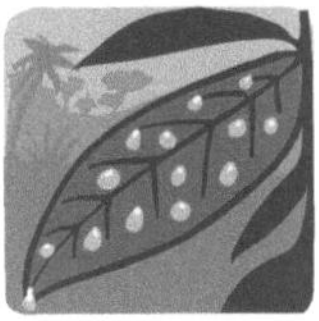

رطوبة الجو

luftfugtighed

برق
....
lyn

رعد
....
torden

عاصفة
....
storm

بَرَد
....
hagl

ريح موسمية
....
monsun

طوفان
....
flod

جليد
....
is

كانون الثاني / يناير
....
januar

شباط / فبراير
....
februar

آذار / مارس
....
marts

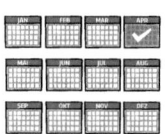

نيسان / أبريل
....
april

أيار / مايو
....
maj

حزيران / يونيو
....
juni

تموز / يوليو
....
juli

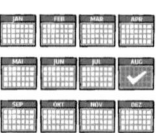

آب / أغسطس
....
august

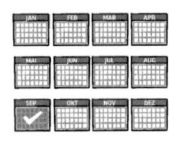

أيلول / سبتمبر

september

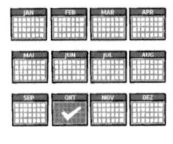

تشرين الأول / أكتوبر

oktober

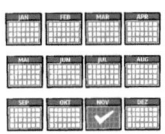

تشرين الثاني / نوفمبر

november

كانون الأول / ديسمبر

december

أشكال

former

دائرة

cirkel

مربّع

kvadrat

مستطيل

firkant

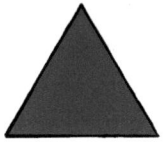

مثلّث

trekant

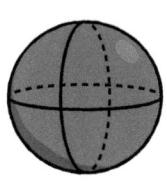

كرة

kugle

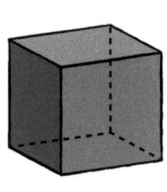

مكعب

terning

أبيض

hvid

أصفر

gul

برتقالي

orange

وردي

pink

أحمر

rød

بنفسجي

lilla

أزرق

blå

أخضر

grøn

بني

brun

رمادي

grå

أسود

sort

modsætninger

كثير / قليل

meget / lidt

غضبان / هادئ

rasende / fredelig

جميل / قبيح

smuk / grim

بداية / نهاية

begyndelse / slut

كبير / صغير

stor / lille

فاتح / قاتم

lys / mørk

أخ / أخت

bror / søster

نظيف / وسخ

ren / snavset

كامل / ناقص

fuldkommen / ufuldkommen

نهار / ليل

dag / nat

ميت / حيّ

død / levende

عريض / ضيّق

bred / smal

صالح للأكل / غير صالح

spiselig / uspiselig

شرّير / لطيف

vred / venlig

مثير / ممل

ophidset / kedet

سمين / نحيف

tyk / tynd

أولا / أخيراً

først / sidst

صديق / عدو

ven / fjende

مليء / فارغ

fuld / tom

صلب / ليّن

hård / blød

ثقيل / خفيف

tung / let

جوع / عطش

sult / tørst

مريض / صحيح

syg / rask

غير شرعي / شرعي

illegal / legal

ذكي / غبي

intelligent / dum

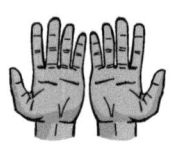

يسار / يمين

venstre / højre

قريب / بعيد

nær / fjern

جديد / مستعمل

ny / brugt

لا شيء / بعض الشيء

intet / noget

مسن / شاب

gammel / ung

يشعل / يطفئ

tændt / slukket

مفتوح / مغلق

åben / lukket

خافت / عالٍ

stille / højt

غني / فقير

rig / fattig

صح / خطأ

rigtig / forkert

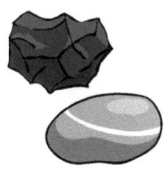

أحرش / املس

ru / glat

حزين / سعيد

ked af det / lykkelig

قصير / طويل

kort / lang

بطيء / سريع

langsom / hurtig

مبلول / جاف

våd / tør

ساخن / بارد

varm / kold

حرب / سلم

krig / fred

0

صفر

nul

1

واحد

en

2

اثنان

to

3

ثلاثة

tre

4

أربعة

fire

5

خمسة

fem

6

ستة

seks

7

سبعة

syv

8

ثمانية

otte

9

تسعة

ni

10

عشرة

ti

11

أحد عشر

elleve

12

اثنا عشر

tolv

13

ثلاثة عشر

tretten

14

أربعة عشر

fjorten

15

خمسة عشر

femten

16

ستة عشر

seksten

17

سبعة عشر

sytten

18

ثمانية عشر

atten

19

تسعة عشر

nitten

20

عشرون

tyve

100

مائة

hundrede

1.000

ألف

tusinde

1.000.000

مليون

million

الإنكليزية

engelsk

الإنكليزية الأمريكية

amerikansk engelsk

لغة ماندارين الصينية

kinesisk mandarin

الهندية

hindi

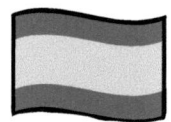

الإسبانية

spansk

الفرنسية

fransk

العربية

arabisk

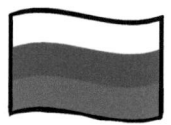

الروسية

russisk

البرتغالية

portugisisk

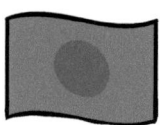

البنغالية

bengalsk

الألمانية

tysk

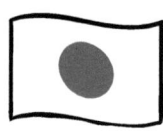

اليابانية

japansk

أنا

jeg

أنتَ

du

هو / هي

han / hun / den / det

نحن

vi

أنتم

I

هم

de

من؟

hvem?

ماذا؟

hvad?

كيف؟

hvordan?

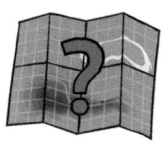

أين؟

hvor?

متى؟

hvornår?

اسم

navn

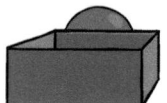

خلف

bag

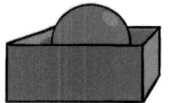

في

i

أمام

foran

فوق

over

على

på

تحت

under

جنب

ved siden af

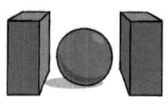

بين

imellem

مكان

sted